인칭이 점점 두려워질 무렵

정수자 시집

가히 시인선 001

인칭이 점점 두려워질 무렵

정수자 시집

가히

시인의 말

시의 본적을 찾아

말 너머의 말을 찾아

삶의 본래면목을 찾아

난망 사막을 건너보려니

사람이

점점 두려워질 무렵

2024년 3월

정수자

차
례

제2부

제3부

제4부

제5부

제1부

칼

야밤에 칼을 샀네, 비색에 홀려 들어

오늘의 운세 삼아 입술이나 대볼까

꿉꿉한 묵언 끌탕이나 채로 진탕 쳐볼까

직입은 똑 놓치면서 푸념만 후 늘어져도

대낮에 칼을 품고 나갈 일은 없을지니

쪼잔히 노염이나 썰어 바람길에 뿌려볼까

뭉크는 아니지만

노을이 나만 위해 더 붉은 건 아니련만

뭉친 목 돌리다 지청구를 투둑 맞네

사는 게 모욕 같아도 뭉개면 또 사는 거라

절규도 급이 달라 뭉크급은 아니라서

변명 뭉치 속말이나 일껏 씹어보다

뜨거운 노을 끝물에 눈꺼풀을 데는 말복

가을의 밑줄

저녁을 일찍 하니 저녁이 길어졌다
외등도 조곤조곤 곁을 더 내주고

접어둔 갈피를 헤듯
책등들이 술렁였다

등불과 친해지면 말의 절도 잘 짓는지
하품 같은 농 끝에도 코가 쑥 빠지지만

저녁에 길게 들수록
행간은 더 붐비리

가을의 질문 같은 동네 책방 창문들도
길어진 모서리를 모과 모양 밝히고

누군가 밑줄을 긋다
별로 숫곤 하리라

흰 의자 둘이서

네가 먼저 앉을래
내가 먼저 앉을까

어물쩍 닥뜨린 쇼윈도 부부마냥

마주한 흰 의자 둘이
대책 없이 묵묵하다

쥐 오르는 다리에
침을 좀 발라보며

묵은 토설을 서로 다그치다

어, 그게, 입을 떼는데…
어안이 더 벙벙하듯

유리 너머 빼끔대는
그새 식은 시울처럼

적이 경건하다 흰 의자 둘이서

모른 척 간지럼 태울
소소리나 초대할까

오늘의 자세

오늘의 커피처럼 기분을 받쳐 들고
숨을 고르면서 어깨도 경건하게

고쳐 선 오늘의 자세
좌우를 다시 보다

비듬을 털어주는 군말 없는 손길처럼
옆을 더 살피는 곁들의 습관처럼

곁눈도 참히 어르면
보조개로 핀다고

새 분盆에 물을 주다 화들짝 꽃도 반듯
눈곱 눈살 늘다 보면 앞보다 옆이라고

눈 없는 소낙비 중에도
곁을 내면 무지개니

무릎이 툭 풀릴 때

다만 사는 데만도 온 힘을 다해야만
숟가락 얹는다는 이 별의 구석에서
벼랑을 연마하다니 좀 허접한 기술 같아

그늘을 오래 삼켜 모가 나든 정을 맞든
고절보다 고삳이라 진창을 되짚지만
뼈 때릴 문이 없는지 간간이 등을 치데

그럼에도 살았으니 기적일까 기만일까
끌어안은 무릎이 툭 풀리는 저녁께
어디다 꿇어야 하나 고할 귀가 없어라

어느새

그 새의 꽁지에는

탄내가 묻어 있다

화들짝 터치는 탄식의 입술 너머

두고 온 너를 부르다

지는 꽃을 더듬듯

빈 잔처럼 서운해서

일없이도 발가락은
왜 점점 틀어지나

꾸덕살 다듬던 커터 날에 베일 때

애꿎은 골목을 살피듯
빗발이 토닥토닥

일생 휘어지는
무지외반 모계라니

빈 잔처럼 서운한 주말도 늦밤인데

되접는 우산 끝으로
낙수만 슴벅슴벅

컨트롤 씨 안녕?

어제의 나를 복기해
오늘의 나를 살다

Ctrl C 없이도 맥박은 같다는데

복부는 왜 불어나는지
뱃심은 또 풀리는지

컨트롤이 없어도
컨트롤 씨는 여일하고

가두리 박제인가 이편저편 돌아보다

독박 쓴 행간이 있나
간을 보다 파하다

시라는 당랑거철
조調라는 율律의 당하

묘파는 수만리데 파란은 수수만리

여백도 복제가 될라
더늠을 더 돌보다

사족

입술을 댈 듯 말 듯 서운히 보낸 어깨

돌아서고 나서야 없는 너를 만질 때

귓전에 연해 밟히는 중저음의 느린 여음

끝동을 길게 두다 서운해진 노을처럼

말 없는 말 그리며 사족사족 매만지네

자판에 자그락대는 자모음을 깨물어보듯

멀어서 쓸쓸한

저 많은 불빛 중에 내 쪽창 하나가 없다니

오빠 과외 시간이면 골목을 에돌면서 환한 창들이나 가당찮이 흘겨주다, 과외 끝날 즘이면 부엌으로 숙어들어 석유곤로 다독여 늦은 밥을 끓이고 더 들끓는 속은 빨래로 치댄 자취 시절, 오빠 친구 웃음들이 담장을 넘을 때면 없는 반찬 걱정으로 속 졸이던 곤한 시절, 그나마 늦공부도 치워야 살겠다고 문학전집 끌어안고 시골집에 기어들어 시르죽은 거미처럼 달빛 별빛 땋아보며

뒤란이 저녁 차리듯 그늘을 찬찬 길렀네

관 같은 밤에

이마에 난데없이 흙이 투둑 떨어져서
떨치려 버둥대다 더 캄캄히 묻히는

관 같은 세밑 밤이다
검은 눈이 쏟아지는

개꿈이야 웃으려니 어깨를 쓱 올리며
못 삭인 욕들이 덜미를 컹컹 물어

선잠이 더 홍건해지고
창문이 또 벌게지고

그럴 즈음 어디선가 쓰레기를 치워가듯
신소리 새소리가 등짝을 따악 치고

죽은 듯 살아 보겠니
해가 뜬다, 벌처럼

멍한 날

촐촐히 속이 비면 말개지는 느낌이야

제삿날 올리던 놋접시의 무나물이

슴슴히 둘레를 괴며 달무리를 흉내 내듯

말 많은 모임에선 뭇국조차 못 사귀고

그냥 마냥 걸으며 홀로나 더 맑히듯

촐촐히 멍한 날이면 뭔가 이룬 기분이야

나아종*

무변의 밤을 긋는 별똥별의 한 획처럼

벼랑 끝 다다르면 한 홉의 숨을 모아

사, 랑, 해,

심장을 건네고 은하로 핀 메아리들……

* 김현승 시, 「눈물」에서.

제2부

그리운 백야

새벽도 세 시쯤은 깊은 어둠 속이련만
백야의 난간에서 시집을 펼쳐보네

저녁을 잇대 놓은 양
마냥 훤한 밤이라니

잠을 앗긴 창문과 비몽사몽 새들 사이
불면의 수면으로 햇발이 들어서면

밤새 핀 풀꽃 핀들이
새 표정을 차리듯

그런 숲의 자작으로 기억이 나를 보면*
백야의 명령 같은 밤을 번히 바쳐도

뿔 하나 이마에 걸고
몽유를 더 훔치겠네

---

*토마스 트란스트뢰메르 시집, 『기억이 나를 본다』에서 변용.

머무르는 이름

철없이 머무르는 엽서 같은 이름이 있다
여행길에 돌아 뵈던 밀감빛 창문처럼
그 아래 귀를 모으다 아득해진 책등처럼

저런 창을 꿈꾼 적이 언젠가 있었다고
천지간 획을 긋는 철새를 바라 섰다
귀 닳은 우체통 같은 책갈피를 뒤적이듯

귀를 조금 접다 보면 침 고이는 행간들
그 이름 언저리에 속눈썹을 묻을 때
갓 나온 별이 떠는지 밤이 잉잉 울려라

소년의 긴 손가락이

신전의 부조들을 아다지오로 쓸다 말고
하늘을 훅 그으니 별들이 쏟아졌다

나일강 만파를 고르듯
파피루스 잎을 타듯

피아노를 타고 놀던 파리한 손가락이
별 사이를 촉진하자 은파랑이 튀었다

콤옴보 신화를 토할 듯
열주들이 울렁였다

불러 봐 너의 별을, 은파 만파 지휘하듯
반달 깃든 손톱이 뱃전을 두드릴 때

누천년 사막 능선 켜온
달도 뺨을 붉혔다

체

훗, 체를 읽는다고?
헛, 체를 입는다고!

쿠바 시가 어슷 물고 베레모 비슷 제낀 혁명의 총아 체 게바라가 패션의 아이콘이라니 묵혀둔 체의 평전 일삼아 꺼내보다 무언지 좀 빚진 마음에 시도 몇 편 들춰보다 이미지 소비라도 기념은 기념이지 기억만 잘하기도 투쟁인 걸 말해 뭐해 이제는 도나캐나 뉘나 나나 꽃보다 죄 현금인 걸

산천도 의구치 않거니와
인걸도 황차 구구한 걸

심장을 켜는 말

새끼 낳고 늘어져서 외면하는 어미낙타

마두금 들려주면 젖을 내어 물리니

멀리서 슴벅거리던 지평선도 훅 붉어져

묵지근한 발굽께로 어린 풀들 숙어들고

뽀얀 뱃구레에 불룩하니 숨이 돌자

게르 위 햇솜 구름도 몸을 추켜 떠난다

그런 현의 그을음을 문향 모양 그렸건만

헛짚은 금선이여 메마른 행간이여

초원의 심장을 켜는 말 없는 말에 삭는다

눈소풍

묘연한 사막 저편 룩소르도 가운데쯤
거대한 람세스가 떡하니 누워 있어

으 찌릿, 놀라 깨보니
우리네 새벽이네

카르나크 열주들을 너무 깊이 더듬었나
미라의 입술들이 은나비를 죄 풀었나

하현을 내내 고인 듯
이슬 눈썹 촉촉하데

막상 오면 밀쳐내던 홀림이란 고질도
멀어서 더 달뜨는 신기루 야합처럼

어쩌면 다 달빛의 소관
눈소풍 와유臥遊러라

여진

백석 편에 숨겨 놓은 애인의 금선마냥

저음의 행간마다 눈썹 시린 여진은

때 없이 애가 마르는 통영 어느 물살 같아

돌아올 길 아예 잃은 무지외반 탁발처럼

먼물에도 자분자분 귀밑 세는 여진은

바람의 여음을 짚다 혀 데이는 풍경風磬 같아

윤슬 농현

보았는가, 저 꼼질은 틀림없는 물이렷다

다가서면 스러지는 모래 노래 아니라

사막 속 윤슬을 켜는 신의 미소 같은 것

무현無絃의 농현弄絃처럼 사물대는 물비늘들

가히 홀린 눈썹을 술대 삼는 신기루에

다저녁 물때를 놓치듯 버스도 지나칠 뻔!

잡아보려 다가서면 고만큼씩 멀어지던

시라는 술래 같은 아지랑이 멀미 속에

줄 없는 거문고 타듯 물의 율을 탐했네

운문에 기대어

운문사의 흰 이마들
소곳이 소란한 녘

경을 외듯 감나무도
등을 총총 켜 드는데

그대는
어느 굽이에서
튼 입술을
고치는가

낯선 길에서 문득

다소곳 빈자리에 누가 와서 앉을지
얼마간 설렌 것도 다 지난 마음의 일
왜 하필,
그런 꼴 아니길
태를 좀 돌아보다

경로석 원주민 모양 꼬인 내나 풍길라
데이트도 아닌데, 피식 또 다듬노니
세상에 먼저 들어선 선참의 자세라고

경敬보다 경警*을 치던 옛 시를 되짚다
옆에 선 청춘에게 미간 환히 건네고
오늘의
경적 울리듯
입술 끝을 올린다

---

*두보, 「江上值水 如海勢 聊短述」에서. "놀랠 시를 못 쓰면 죽어도 그치지 않으리" 語不驚人死不休.

목포

목포라면 하릴없이 큼큼대던 기억처럼
부두의 눈물이나 세발낙지 억병이나
갯내도 홍어 짚내만큼 속을 서로 후렸네라

식민이란 쓰나미든 계엄의 너울이든
덮치면 받아치고 꿇리면 일어치고
센 밀물 앞서 안으며 바친 곡哭이 몇 섬인지

그 바람에 별을 내건 근대 건물 이맛전들
비둘기 똥쯤이야 시절이니 닦아주며
해 뜰 날 바이없어도 아 노래에 살았네라

여행의 표정

길든 짧든 여행에는 마지막 밤이 온다

적당히 가누어온 패키지의 표정을

조금씩 펼쳤다 접는 마감의 수순처럼

헤어지기 직전에는 감상 어린 잔을 들고

마음 더 꺼내고 서로 더 부딪지만

쿨하게 몰라서 좋을 패키지니 아무려나

지울 거 뻔히 아는 단체사진 한 방 찍고

모르면서 친한 척 손 흔들고 돌아서는

서름히 여행을 익혔다 여름의 끝물마냥

철사와 천사 사이

해묵은 DMZ 눈을 함빡 만나던 날

철사마다 입 맞추는 천사 같은 속삭임이

도무지 꽝꽝 언 길을 무장무장 품고 울어

녹슨 무장 철책마다 흰 꽃을 마냥 피워

멀거니 작파당한 먼 길을 더듬는데

해금강 곰솔들인가 깃 치는 푸른 소리가

심장을 남겨둔 이유

어수룩이 생이라도 쥐여준 게 있을 텐데
무얼 또 망친 건지 갈수록 허우룩하다

삼천 살 미라들 앞에
숙여 보니 더더욱

일찍 놓친 사랑이란 일생의 봉서일까
남았지 엉겨보던 끝사랑도 희미하고

늑골이 시릿해지는
저녁도 시드는 녘

맨 나중 심장으로 마지막에 재는 것이*
아직도 기다리는 사랑의 무게라면

한생이 서운타 해도
죄를 더 섬겨보리

---

*고대 이집트에서는 망자의 내장을 파내고 남긴 심장을 깃털과 쟀는데, 심장이 더 무거우면 유죄판결을 내렸다.

제3부

행려

—나혜석

붓이 곧 불이어서
불을 문 칼이어서

낡은 문 들깨우며
길을 몰아 켜더니

무연고
눈발이 품었다
터진 뺨 터진 발은

이월

그대 불쑥 다녀가듯 옆구리가 저리더니

그늘도 상하는지 비린내 비슷한 게

눈석임 슴벅 저미듯 우수雨水 창에 어룽어룽

눈새기꽃 노란 귓불 자근대는 바람 따라

감감히 입술 뜯던 문풍지도 멍멍하니

묵은 독 볕마중하듯 눈이 하냥 풀려라

하루치 발을 모으듯

임대 구석 공원은 우중에도 붐비나니
활짝 편 우산 속 입은 꾹 닫은 채
오로지 걷고 또 걸으며
노염을 건너는 이들

만성의 통증쯤은 약발로 구슬리듯
고독이든 중독이든 끄덕끄덕 버티지만
건질 것 하나 없다는 재건축도 끝물께

아무려나 자식보다 자주 봐준 근린공원
파장께 열무 단을 물 뿌려 다시 묶듯
하루치 발끝을 모으며
틀린 날을 살아냈다

마음이 마려운 날

비는 아무 데나 젖은 발을 들이는데

도착할 아무도 까치도 없는 설날

철 지난 무료들이나 무작정 털어 훑다

다 지난 불시착에 눈시울을 훔쳐내다

빈 가지에 받드는 망울들을 보나니

호오이 봄을 부르듯 부푸는 잎망울을

털어도 기룬 것은 끝내는 망울지는지

마음이 섬돌마냥 불망불망 마려운 날

그가 훅, 불시착할라 꽃으로 창을 닦다

얼마나 더 붉혀야

택시 잡다 분통 터진 추석 연휴도 마지막 날

겨우 앉았는데 그만 일어나 좀! 벨트 매다 깜짝 놀라 귀를 다시 기울이니 화투판 후배기사 멱살 잡는 통화라, 쪼매 따도 뒷골 당겨 주저앉는 판이라고, 다 잃어야 끝나니께 후딱 일어나야! 그 야단에 왜 씁쓸히 詩판이 겹치는지 제발 저려 돌아보는 더 짠한 임전무퇴, 올인이든 올나이트든 다 잃어도 못 뜬다는 동서고금 소문도 징한 퇴推와 고敲 살바에다 스톡홀름 증후군 인질처럼 되잡히기 끝판이니

얼마나 더 붉혀야 하랴
시라는 고독한 실패랑은

허튼 여백

폐가의 펌프 같아
녹슨 목을 바쳐 봐도

율律은 안 오고 계절은 훅 가고

비릿한 귓전 가득히
파쇄들만 서걱서걱

가위눌린 천지간에
눈먼 바람 삭는 소리

쉰 여운 더듬다 허튼 여백 다듬다

도무지 울 수도 없어라
입 여미는 서릿가을

세 사람 우산은 어디에

우산을 놓고 와서 되짚으려 했더니만
너도 너도 빈손에 볕뉘가 서운한 날

치려면
여우비쯤이길
누군가
쓰고 가길

그런 날 꽃비마냥 다담 뜰에 흘려 들어
낙수의 수작처럼 셋은 또 덧나려니

간간이
어깨를 치며
입 다시는
늦꽃들과

오후도 기웃할 즘

사각사각 불안하다
탁자 위의 쿠키 가루

틈새의 미열처럼
쫑긋대는 더듬이들

덩달아
솜털이 섰다

파편 깨문
기억처럼

까만 발들 편대 따라
끌려가는 부스러기

카페 구석 화분에
오후도 좀 기웃할 즘

커피만

홀로 뜨겁다

그대는
더 식었다

출처

빨래를 꺼내는데 거뭇거뭇 실오리가
짝도 안 맞게 아래위를 감고 있다
어디서 풀려 나왔는지
어디로 가려 했는지

출처를 고하렷다, 풀린 곳을 뒤져보니
손수레표 발토시 솔기가 서분하다
버릴까 다시 꿰어둔 뒤꿈치가 헐하더니

실실 엉킨 실오리를 탈탈 뜯어내다
괜스레 벌게져 창이나 활짝 열다
감아야 사는 게 있지
풀어야 웃는 게 있듯

회悔라는 즘생

반려 없는 반려에게 저녁의 곁을 내듯
어스름 미열들이 난간을 에울 때면

회라는 질긴 즘생에
등을 종종 물렸다

버둥질을 칠수록 파고드는 그물처럼
얼핏 뱉은 독설이나 설핏 거든 구설이나

회라는 구강에 들어
담즙을 우렀나니

그런 가납 끝물에 단물이 배어날 즘
허공에 입 맞추며 별빛을 받아보듯

회라는 허연 반려랑은
무소식도 돌보리라

충들과 춤을

해와 달이 바뀌어도 기생충이 잘도 노닐기에

한남충에 맘충까지 다시 충충 보나니 사는 것도 기생 같은 붙살이 한살이라, 엄마 몸 파고들어 속속들이 다 파먹고는 지구 몸에 기어 나와 속속 또 파먹으니 생이란 천생 기생 우주의 기생충이라, 반지하 바퀴벌레나 옥탑방 나방이나 위아래 잴 것 없이 사람이란 포식자는 그중에도 상기생충, 하다 보면 詩란 것도 파고 캐고 곱씹으며 제 문을 파하거나 새 문을 박차거나 말 기생에 녹아나는 천생 미생이라, 그래도 서로 기대 하루를 또 넘나니 우주에 기생 않는 산 입이 어디 있으랴

하오니 오늘은 그냥 춤을
파생하라 파란파란

회동그란이*

물집을 두 번 짓는 상처의 버릇으로
미리 뗀 딱지가 성마른 문장 같다

오롯이 자위 돌 때까지
밤톨들도 참는 것을

마침내 터진 알밤 가을 뜰이 떨며 받을 때
달빛 고인 창문들이 단감처럼 발개질 때
한 시절 자위 도는지 별도 휙 휙 획을 긋고

그럴 즈음 물것들도 입술을 닥치건만
덧나는 율 안팎을 헤집다 서성이다

머나먼 회동그란이에
일생의 목이 휜다

---

*박용철, 「시적 변용에 대해서」 중에서. "영감이 우리에게 와서 시를 잉태시키고는 수태를 고지하고 떠난다. (…) 완전한 성숙이 이르렀을 때 태반이 회동그란이 돌아 떨어지며 새로운 창조물 새로운 개체는 탄생한다."

수면양말

신으면 갑갑하고 벗으면 좀 그리워지는

부숭한 양말이란 불민한 애인 같아

때 없이
램의 랩 치듯
양이나 세다
놓치다

애꿎은 양말짝을 다시 꿰다 팽개치다

스친 영감은 어디에, 놓치면 땡감인데

때 없는
시름 시렁에
시치미만
부옇다

콧바람 농사

바람이 들었다면 가벼워야 맞지 않나
길은 점점 붇는데 다리는 더 무겁고

잘못 든 사막 어딘가
빠질 목을 몰라라

바람 든 무 버리다 오금이 저린 날은
詩바람 사십 년이 콧바람 농사 같아

고삐를 다잡아 봐도
모래만 달싹이매

그런 길목 어디쯤서 똑 놓친 애인마냥
말은 늘 달아나 바람이나 호리건만

하물며 당당 쉽어라
커서만 사무쳐라

오오

혀를 잃은 연후에
밤을 얻은 적소처럼

오오 삭으란다
먹똥이나 씹어가며

난 치듯
언 뺨을 치는

삭풍 끝에
향이 괴듯

제4부

마음 머는 소리

이화우 좀 보자는데 살이 선뜩 떨려서
몸살약 뒤져보다 빈 약갑을 구기고

널뛰는 잎샘 꽃샘을
갑인 양 흘겨주다

눠보다 깊이 정든 스마트 체위라고
위문이나 주문할까 폰을 들고 엎드리다

속 모를 흰소리 판에
속이 외려 시린 날

무람없는 톡이며 인증샷 팍팍 지우다
지음이란 너마저! 버리고 돌아서니

꽃 적실 수작酬酌도 없이
마음 머는 먼 소리만

독

혼자라는
스스로 내린

보석 없는
종신형에

찬별 품은 옥탑처럼
그름 삼킨 구음口音처럼

독일랑
어루만질수록

황홀하니
철도 없이

호젓한 호사

무거우면 안는다, 책더미든 슬픔이든

두 팔에 품는 순간 수굿이 실려 오는

적막도 양식만 같아 굽이굽이 들어주듯

들어보니 이순耳順 따위 애먼 후문이라

갓 닿은 시집들에 귀나 더 맑히려니

시경쯤 몰라도 좋은 호젓하니 호사라고

호사 같은 소리하네, 모기가 좀 개겨도

위리안치 고치 짓는 별짓처럼 오호라

탱자는 못 품을까나 혹하면 또 별이라니

연두 바람 피는 날

노선을 자꾸 묻는 동남아계 젊은이들
더듬는 발음처럼 시동이 드티는데

그 사이 꽃가마 잡은 양
할머니가 환히 타고

꽃노선 비선쯤을 나비가 또 묻는지
환승역 노기사 눈을 잠시 파는 사이

게처럼 목발을 든 채
한 남자가 올라타고

애꿎은 문자들만 톡톡대며 피울 동안
목련꽃 벙긋 벌듯 두 자리 벌었으니

퉁치세, 지각 벌금쯤은
연두 바람 품값으로

고려엉겅퀴

고려엉겅퀴 그 이름 앞에 알 듯 말 듯 갸웃대다

다시 보니 곤드레라 어린순은 나물이네 하고 보니 곤드레는 만드레랑 찰떡짝꿍 홍청에는 망청이듯 따라붙기 맛집이라, 연하니 보드랍고 향기롭고 상긋하니 스윽스윽 비비면 찬 없이도 착 엉기는 곤드레든 만드레든 말 금슬도 맛깔나니 그 나물에 그 밥이라도 물릴 일은 없으려니, 그러나 다시 보는 고려인지 고구려인지 가시 삼킨 민초 같은 맨이름을 겹쳐보다 아님 말고 아무려나 곤드레는 착착 감기는데

묵은 편
죄 꺼내 씹어도 내 율일랑 비린내만

호적

결국은 보가 터진
개발지의 형제 필지

호적까지 들먹거린
명절 끝이 파묘라니

그나마 헌 집도 헐고
찬 우물도 꾹 메우고

그런 한때 흘리고 간
대못 같은 뼈 한 편이

선산에 달 좋다고
호적胡笛 찾아 부는지

놓아둔 눈물 고르듯
은하수도 파르라니

손차양

손차양 모르고 산 엄마는 밭이 됐다
손차양 달고 산 언니도 서리 노을

그리다 못내 기다리다
기울어간 돌담마냥

꺼먼 흙 툭툭 떨구던 처마들이 시렸건만
돌아보면 저녁연기 밥내 솔솔 보내더니

다 떠난 산자락에는
타운하우스 차양 천지

묘도 밀고 들어선 혀 꼬이는 이름 너머
어디쯤 삭고 있나 노을 적신 휘파람은

속눈썹 연해 다듬던
아슴아슴 손차양은

군짓에 냉수 켜듯

제 신음에 놀라 깨는 무지근한 밤이 잦다
베개를 고쳐 베다 돌아눕다 기울이면
그을음 뭉치 같은 게
어깨에서 삐걱 운다

그런 신음 덮어쓰던 아버지의 기침 소리
그 잔등을 쓸곤 하던 한밤의 워낭 소리
귀 시린 달빛을 싣고 산을 훠이 넘었는데

옛 생각에 말똥해져 냉수나 들이켜다
살아 있어 아프지만 말도 절도 아니라면
뼈 삭는 군짓 같은 게
뭔 소식의 예열이랴

찍지 말라니까

일월 수변 산책길에 카메라부대 장관이라

찍사들 출사마저 한 풍경 보탠다고 초상권 없지 싶은 뒷모습만 눌렀는데 찍지 마세요! 지우세요! 쇳소리에 지우자니 배알이 후끈 솟데, 그러는 당신들은 물어보고 찍느냐고, 몇 시간씩 진을 치고 오리 생리 염탐하듯 짝짓기 솜털까지 은밀 내밀 사생활도 염치없이 찍어대며 자기들 찍히는 건 칼같이 내치다니, 군말 없이 찍혀주던 오리들이 기가 막혀 예서제서 푸드덕덕 오리발 냅다 지르자 숨죽이던 카메라부대 술렁대며 망원 접안 다 거두니

오리야 킥킥 더 차라
물이나 퀵퀵 먹여라

밤의 시렁

저녁을 편애했다
숨어 읽던 뒤란처럼

마음 툭 풀리는 그만도 좋더니만

이제는 쉬고 또 쉬느라
쉰 허물만 수북하다

그럴 때 정수리가
대책 없이 선뜩하듯

명사가 사라져 허둥대는 그쯤에

더 이상 국물도 없는
추억이나 죽을 쑤매

뱅뱅 도는 이름들은
꽃씨로 풀어주고

뜸해진 소식들도 여백으로 두르며

시렁에 궁시렁 궁시렁
고졸古拙을 매어보네

비문

뭔가 자꾸 날아다녀 어지러워 툴툴대다
우린 딱 알아봤다 어슷비슷 비문임을
때 없이 문 문 더듬는 쓰린 아린 문하임을

홑눈을 겹눈처럼 혹或 혹惑 매단 채
문전에 어릿어릿 충혈을 바치건만
날라는 문은 못 날고 날벌레만 나는 나날

비문을 쫓아보려 용한 안과 찾아가니
높은 권속들은 그냥 끼고 산다고
그마저 문의 일이라니 비문과 무문 춤을

문소리*

낭송가 낭송 들으며 보풀이나 괜히 뜯는

동지도 한허린데 찹쌀~떡은 어디 가고

눈치도 코치도 없이 시는 왜 저리 길다냐

흐음 눙치다 말고 내 쪽을 펼치는데

문소린지 보풀인지 홧홧 달려들더니

애당초 판을 갈라는 듯 자간자간 뭉개지데

*문소리는 '문덩문덩 썩은 소리' 즉 진부한 표현(이병기, '고전 삼폐三幣').

바나나에 의탁이 길어질 때

물렁이 바나나도 푸릇할 땐 돌덩이라
햇살을 안았든 바람을 구슬렸든

익으며 순해지는 것
숙으며 눅어지듯

그런 저런 노숙에 의탁이 길어질 때
먼 사람 부고에도 노을이 자분대듯

때 없이 발음이 새고
걸핏하면 되묻고

그러구러 반려 같은 바나나도 곧 떠날라
소멸 운운 호들갑은 그새 좀 식었는지

적도산産 과일을 집다
지는 쪽을 다시 본다

방화수류정訪花隨柳亭

승무 속 버선코를 나붓나붓 앉힌 듯한

처마 끝 물고 도는 바람의 입술 물고

달빛도 발을 펼쳐 드는 조선의 산조 한 채

남南으로 종종 적신 정조 눈썹을 어르듯

꽃 버들 서로 끄는 난간도 아스라하니

가없는 마음 줄 고르는 조선의 금선 한 채

어쩌면

손을 많이 타는 건
아픔보다 가려움

애를 더 태우는 건
설렘보다 망설임

환승역 에스컬레이터에서
네 손을 잡다 태우다

제5부

그리움의 유적지

당신이 귀해졌다
격조를 얻고 나서

초승달 표정으로
입술 끝을 올려 봐도

오늘은
거리가 마음이다
그리움의 유적지다

붓는 사람

잘 붓는 사람이란 어딘가 좀 무른 사람
물것에 지는 순간 가려움에 물린 채

종내는 피를 바치고
딱지를 기다리고

더 무른 사람은 꿈에서도 우는 사람
부석한 눈두덩에 찬 숟갈을 얹다 보면

빼기란 일생이 걸린
형식의 수행 같아

마음을 두고 가서

자리를 파했는데 다시 오는 사람이 있네

아무리 뒤져봐도 빠뜨린 게 없다 하니

아, 실은 마음을 두고 가 되짚었다 고하네

마음을 두고 가서 멋쩍게 오는 저이는

어쩌면 나만치나 구멍이 많은 사람

막 놓친 시구를 찾아 온 길을 뒤적이듯

아무려나 두고 가서 다시 얻는 심금은

슴벅대는 눈썹을 일찍이 섬겼다네

때로는 옛 마음 찾는 허기로도 살리니

시가 머니

그치라 다그치면 더 커지던 울음처럼
시가 뭐니 닥치는데 덧들여진 시가 머니

눈먼 듯
눈에 갇힌 듯
막장이 따로 없네

부를수록 멀어지던 꿈속의 불빛처럼
선창을 못 차려온 눌변의 입술로는

문 없는
문고리 잡듯
어둠을 훑아낼 뿐

뭐니나 머니나 머리채 길게 잡혔으니
불같지도 않으면서 못 멈추는 사랑처럼

시라는

그칠 줄 모르는

바람의 등을 탔거늘

문병

아프면 주변까지 조금씩 친절해져
눈빛과 표정을 신중히 차려 들고

에둘러 증세를 묻다
안도를 휴 나누다

침묵의 간격들이 하릴없이 길어지면
기침이나 깨워내 공기를 흩어볼까

그런 척 아닌 척하는
치레라면 치우게들

그런 후 더 자라는 통증은 밤의 문병
아파도 개운히 깬 어린 날 낮잠처럼

오요요 말간 꾀 불러
조퇴하고 싶어라

곁의 예법

내 잎을 줄일 테니
내 곁에 계속 살아줘

햇볕도 나눠 쓰는 해바라기 큰언니들

나볏이 옆을 내어주니
곁의 예법 어엿하다

숭늉으로 입 줄이던
엄마 밥법 아래서는

아옹다옹 흘기다 팔짱을 샐쭉 꼈듯

갸웃이 반쪽도 나누는
오붓하다 생의 예법

니캅을 찍으려다

손을 얼른 내린다
눈길도 후딱 거둔다

어떤 삶이든 구경거린 안 돼요

새까만 니캅 저쪽의
긴 눈썹에 찔리다

과시거나 응시거나
함부로 찍고 올렸던

빈곤의 포르노化 공익도 내리듯

내 안의 니캅은 없나
돌발처럼 돌려보다

부르카 벗어던지는
막춤이 마구 터지길

총대 멘 턱수염들 검문을 지날 즘

턱없이 캄캄한 마음에
스카프를 휙 벗는다

가을의 율

그늘이 짙어졌다

건들마들 고샅마다

당신이 부쳐온 가을편 기척이다

풀여치 날개 끝에도

말간 율이 서렸다

아무튼 다문다문

황급히 거둔 손은 체온과는 상관없다

마스크 명령 따라 입을 닫고 우리는

관계를 나눠 길렀다

다문다문 그립기로

처음의 회복이듯

가면은 아니건만 가면으로 굳어가는
잘 가둔 침들이 관계를 덜어갔다
균 앞에 균등해지는 처음의 실현처럼

와중에도 어디선가

주저앉고 무너지고

어디선가 뚫리고

어디선가 터지고

어 어 어

먼 바다에서는

빙하가 몸을 던지고

그 사이 홀로 떨다 숨 거두는 숫자들과

하루하루 건넌다, 가위눌린 꿈속같이
끝없는 따로 길이라도 지구는 둥글건만

주먹 쥐고 홀로 나와 서로 세상 사자는데
새 균과의 동거가 미래의 도착 같더니
입 막고 건너와 보니 사람이 참 미래였네

꽃신과 소년

집으로 가는 길이었거나
어둠 속을 좀 서성거렸거나

오다가다 매미처럼 채집당한 아이들도 부랑아라 가둬버린 절벽 철벽 선감학원* 훗날 근처 야산에서 꽃신 한 켤레 나왔는데, 같이 잡혔다 천신만고 살아나온 아우가 훗날 또 무덤 찾아 꽃신 지어 바치는데, 금잔화 꽃신들에 나비 혼을 차렸는지 흰나비 떼로 나와 훨훨 춤을 추는데, 뭉개진 무덤 주인도 죄다 나와 달리는지 희디흰 춤사위에 넋을 실은 꽃신들도 어화둥둥 잃은 춤을 다시 불러 추건만 꽃신을 받쳐 든 채 하염없이 선 늙은 소년

어디다 놓아야 하나
길을 여는 꽃신일랑

---

*일제강점기부터(1942~1982) 운영된 선감도의 소년강제수용소(현 경기도 안산시). 폭행과 착취로 4,691명 중 190명 이상의 사망·암매장 추정. 발굴 때 꽃신이 나왔는데 '허일동' 것으로 밝혀져 같이 끌려와 살아남은 아우(허이동)에게 전해졌음. 2018년 지역의 시민단체가 금잔화 꽃신 바치는 위령제를 지냈음.

연두율

막 눈뜬 술래처럼
바람이 총총 닫더니

홑잎들 입술 모아
새 율을 차리더니

너 없이
연한 봄날이
어이없이
찬란해라

아직은

몸이 좀 틀렸다고 드나드는 병원 어귀

마음만 앞서가는 노태들이 더 보여

건널목 폐지 수레를 기웃기웃 맞춰 보다

생전의 노모 같은 뒤태가 또 앞을 가려

불러 먹일 자도 없이 우묵해진 어슬녘

가로등 휘어진 목에 그림자나 겹쳐 먹다

틀린 뼈는 안 잡혀도 발끝은 바로 할 것

젖니 같은 새잎 돋는 아직은 지상에서

소소히 웃으며 지는 꽃태들을 받아 들다

줄

체념은 나의 목줄
물어뜯다 끌어안는

당기면 더 쓸쓸한
산 너머 소식처럼

자그시 발목을 걸던
줄 없는 집의 금줄

짧은 줄 늘여보다
이력서를 확 찢다

문 없는 가문에
목을 수그릴 때

지그시 등을 쓸고 가는
바람만은 금선이다

쥐구멍 시낭

욕이나 견디려고 소장한 건 아니건만
비장의 쥐구멍이 터질 듯 겨운 날은

서운한 세상을 닫고
깜지로 숨어들어

그런 밤 쥐구멍은 독락의 고린 시낭詩囊
시난고난 쏠아둔 달빛이나 은입사하며

무심을 심문하리라
말의 태를 치리라

와중에 별 기미가 송곳모양 비치면
쥐구멍에 뿔난 척 낭중지추 솟아보리

제풀에 풀썩 낙하도
춤이라고 낭이랑은

해설

폭발하는 별들의 뒤란

—정수자 시집, 『인칭이 점점 두려워질 무렵』 읽기

오민석(문학평론가 · 단국대 명예교수)

1.

오랜만에 큰 그림의 시들을 만났다. 정수자의 시들은 메시지에 사로잡혀 절절매지도 않고 표현을 궁구하느라 겉멋을 부리지도 않는다. 그녀는 대상을 넉넉히 껴안고도 남을 언어의 거대한 그물을 세계에 던진다. 그것은 클 뿐만 아니라 동시에 섬세하고, 완결을 지향하면서 완결을 의심하는, 완성과 회의의 탄탄한 그물이다. 그것은 확고한 중심을 견지하면서 대상을 향하여 아름다운 비례의 날개를 던진다. 그것이 사물을 포착할 때, 가장 잘 들어맞는 것들끼리 부딪힐 때만 낼 수 있는 경쾌한 소리가 들린다. 어떤 '삑사리'도 허락하지 않는 그녀의 정확한 투구는 비례의 왕국에 도달한 자만이 가질 수 있는 고전적 기술이다. 그러나 그녀는 도달의 순간에 자신을 지울 줄도 안다. 압력이 가장 높은 단계에서 폭발하는 별처럼, 가장 완벽한 순간에 언뜻 시야에서 사라지는 별똥별처럼, 그녀의 언어는 폭발하면서 동시에 여백을 만든다. 폭발하는 별들의 뒤란이야말로 그녀의 시적 여백이 만들어내는 고요한 풍경이다. 폭발하는 별들의 뒤란은 아름다운 빛의 여운과 조용한 성찰과 새로운 길에 대한 탐구가 동시에 일어나는 공간이다.

정수자의 시들이 폭발할 때, 독자들은 그 절대적인 아름다움에 환호한다. 그 뒤란에서 부재와 해체의 고요한 성찰이 이어질 때, 독자들은 자성의 시간에 빠져든다. 작은 힘들이 모이고 모여 어느 순간 손끝으로 에너지가 폭발할 때, 몸은 춤이 된다. 그녀의 시들은 축적된 에너지의 폭발과 해체, 힘의 모음과 놓음 속에서 마침내 춤이 된 언어이다. 발끝에서 치고 올라 적삼을 타고 흐르다 마침내 손끝에서 폭발하는 춤사위처럼 그녀의 언어는 지고한 완성을 향해 있다. 그러나 그녀의 언어는 완성의 순간에 허공을 만지는 손끝처럼, 축적된 에너지를 저절로 소진의 상태에 이르게 한다. 그것은 완성의 욕심에 대한 자성이면서 완성의 완성성에 대한 회의이고 사태 후에나 만날 수 있는 고요한 뒷자리이다.

보았는가, 저 끔질은 틀림없는 물이렷다

다가서면 스러지는 모래 노래 아니라

사막 속 윤슬을 켜는 신의 미소 같은 것

무현無絃의 농현弄絃처럼 사물대는 물비늘들

가히 홀린 눈썹을 술대 삼는 신기루에

다저녁 물때를 놓치듯 버스도 지나칠 뻔!

잡아보려 다가서면 고만큼씩 멀어지던

시라는 술래 같은 아지랑이 멀미 속에

줄 없는 거문고 타듯 물의 율을 탐했네

—「윤슬 농현」 전문

이 시집에서 가장 아름다운 성취 중의 하나인 이 작품을 보라. 시인은 사막에서 바람에 따라 흐르는 모래의 움직임을 물의 윤슬로 읽는다. 그것은 마치 시신을 어르고 달래 살려내는 마법사의 행위 같다. 죽음의 마당엔 "율"을 이룰 악기의 현도 없다. 사막의 윤슬이라는 모순 형용 속에서 생명의 "물비늘들"은 마치 "무현無絃의 농현弄絃처럼 사물"댄다. 현이 없는 곳에서 현을 가지고 놀다니. 죽음에서 생명을 길어 올리는 작업은 무언가에 홀리지 않고는, 미치지 않고는 불가능한 일이다. 죽음의 마당에서 생명의 움직임을 읽는 것은 오로지 "홀린 눈썹"을 가진 자에게만 가능하다. 그러나 홀린 자가 자신을 홀린 대상을 향해 다가갈 때 그것은 자꾸 멀어진다. 이 다가섬과 멀어짐의 "사막 속 윤슬" 어딘가에 삶의 닻들이 내려져 있다. 이 아름다운 착각이 삶이다. 시인은 이 착시의 과정을 절정에 이르는 춤사위처럼 접었다 펴고 폈다 접으며 그려낸다. 마침내 그 절정에서 시인이 허공을 향해 손을 뻗을 때, 이 착각은 다름 아닌 시 쓰기의 과정으로 전치된다. 결국 시적 화자는 "시라는 술래 같은 아지랑이 멀미 속"에서 헤맨 것이다. 이 마지막 진술 속에서 모든 신기루는 해체되고, 그 폐허의 뒤란에서 엄밀한 진실이 반짝인다. 시인이 하는 일은 바로 "줄 없는 거문고 타듯 물의 율을 탐"하는 것이다. 시인의 작업이 독특한 것은 사막 속에서도 "물의 율"을 찾아야 한다는 사실이다.

신전의 부조들을 아다지오로 쓸다 말고
하늘을 훅 그으니 별들이 쏟아졌다

나일강 만파를 고르듯

파피루스 잎을 타듯

피아노를 타고 놀던 파리한 손가락이
별 사이를 촉진하자 은파랑이 튀었다

콤옴보 신화를 토할 듯
열주들이 울렁였다

불러 봐 너의 별을, 은파 만파 지휘하듯
반달 깃든 손톱이 뱃전을 두드릴 때

누천년 사막 능선 켜온
달도 뺨을 붉혔다

—「소년의 긴 손가락이」 전문

이런 시는 도대체 어떻게 읽어야 할까. "소년"은 누구이고 "신전"은 도대체 무엇인가. 이 작품은 정수자의 상상력이 아무런 두려움이나 주저함이 없이 움직이는 커다란 궤도를 보여준다. 본문의 "피아노를 타고 놀던 파리한 손가락"과 "소년의 긴 손가락"을 연결하면 이 소년을 어리지만 신들과 우주 만물의 마음을 움직이는 탁월한 연주 능력의 피아니스트(혹은 예술가 일반)로 읽는 것이 가능해진다. 시인은 젊은 예술가의 손가락이 건반 위를 움직일 때 신과 하늘과 별과 강이 쓸리고 쏟아지며 고르고 튀며 토할 듯 울렁이는 모습을 그리고 있다. 이 모든 것을 움직이는 피아노 소리는 "소년의 긴 손가락"에서 나온다. 신화적 상상력이 동사적 움직임으로 가득 찬 채 절정에 이를 때, 시인은 가장 높은 곳에서 멈춰진 춤사위의 손끝처럼 독자들을 조용히 동사의 뒤란으로 데려간다. 그 모든 동작이 멈춰진 곳은 고요가 지배하고 있다. "누천년 사막 능선"을 "켜온" "달도 뺨을 붉"히는 마지막 장면은 격렬한 움직임이 멈춘 자리에서 더욱 빛나는 적막의 아름다움을 더해준다.

2.

실험과 혁신이 장르의 정체성과 긴장 관계에 있는 예가 있다. 시조가 그렇다. 현대 시조의 혁신과 실험은 시조의 장르적 정체성을 해체하는 것이 아니라 바로 그 정체성의 '혁명적 표현(실천)'을 통해 성취된다. 시조의 정체성이 "균형·조화·격조·절제·간결 등으로 집약"(정수자, 「가히 새로운 즐거움을 향해」, 《가히》 2023년 봄/창간호)된다면, 그리고 이것을 '노래성'과 결합하는 것이 시조라면, 정수자의 시조들은 그런 시조의 정체성에 충실하면서 그 안에서 클리쉐를 타파하고 새로운 표현을 창조하려는 엄밀한 노력을 보여준다. 자유시인지 시조인지 거의 분간이 되지 않는 현대 시조들과 그녀의 시조들은 다르다. 정수자의 시를 읽으면서 독자들은 3·4조 혹은 4·4조의 유구한 "율律"이 반복되는 것을 자연스레 느낄 수 있다. 시조의 정형성은 무수한 다양성(주변성)을 관통하는 동질성의 반복적인 중심을 의식하는 데서 비롯된다. 세상엔 얼마나 많은 가락이 존재하는가. 언어엔 얼마나 다양한 강세와 가락이 담겨 있는가. 그러나 그 모든 가락의 방대한 음역에도 불구하고 계속 반복되는 중심이 있다. 한국어 공동체에서 그것은 3·4조 혹은 4·4조의 유구한 가락이다. 나머지 가락들은 이 가락의 변주들이다. 이런 점에서 시조의 가락은 '소리의 원형archetype of sound'에 가깝다. 소리는 수없이 다양한 삶을 담아낸다. 수없이 다양한 삶에도 반복되는 동질성의 패턴이 있다. 시조의 소리는 바로 그런 패턴을 담아내는 가락이다. 한국인의 삶에 오랜 세월에 걸쳐 반복되며 이어져 내려온 '집단무의식의 소리', 그것이 시조의 가락이다.

입술을 댈 듯 말 듯 서운히 보낸 어깨

돌아서고 나서야 없는 너를 만질 때

귓전에 연해 밟히는 중저음의 느린 여음

끝동을 길게 두다 서운해진 노을처럼

말 없는 말 그리며 사족사족 매만지네

자판에 자그락대는 자모음을 깨물어보듯

—「사족」 전문

3·4조 혹은 4·4조가 거의 그대로 지켜지는 이 작품은 바로 그 오래 익숙한 가락 때문에 읽는 순간 이미 절반은 읽는 자의 피부 속으로 바로 들어간다. '육화된 가락'이라고 하면 정확할 이 소리는 적어도 한국어 공동체의 구성원들에겐 매우 중요한 것이다. 포르투갈의 전통 음악인 파두에 '사우다드Saudade'라 불리는 포르투갈 고유의 정서가 자리 잡고 있는 것처럼, 시조의 가락엔 한국어 공동체의 오래된 공유 정서가 깔려 있다. 규칙적인 박자를 문자 기호에 부여할 때, 문자 기호는 물리적 비례성을 갖는다. 가락의 정형성이 시각의 정형성을 만든다. 각 행의 길이가 거의 유사한 시조는 불필요한 이파리들을 다 떼어버린, "균형·조화·격조·절제·간결"의 미적 형식을 보여준다. 근대 이후 세계의 파편화가 파편적 모더니즘 미학을 만들었다면, 시조는 그 모든 세상의 변화 속에서도 변하지 않은 동질성의 패턴이 존재함을 다시 확인하는 미적 형식이다. 그러므로 시조는 미적 형식이자 동시에 세계를 대하는

(읽는) 하나의 태도이다.

폐가의 펌프 같아
녹슨 목을 바쳐 봐도

율律은 안 오고 계절은 훅 가고

비릿한 귓전 가득히
파쇄들만 서걱서걱

가위눌린 천지간에
눈먼 바람 삭는 소리

쉰 여운 더듬다 허튼 여백 다듬다

도무지 울 수도 없어라
입 여미는 서릿가을

—「허튼 여백」 전문

새삼스레 시조에 대한 원론적인 이야기를 꺼내는 이유가 있다. 정수자 시인이 한국 시조 문학의 든든한 반석이라면, 그것은 그녀가 시조의 이와 같은 형식적, 세계관적 특징에 대한 강한 확신의 소유자이기 때문에 그러하다. 그러나 파편적 현실 속에서 파편적 형식 쪽으로 쉽게 넘어가지 않고 유구하게 가동되는 '동질성의 패턴'을 찾기란 얼마나 어려운 일인가. 위 작품은 시조의 전형적인 가락을 통해 그런 과정의 어려움과 고통을 노래하고 있다. "율律은 안 오고 계절은 훅 가고//비릿한 귓전 가득히/파쇄들만 서걱서걱"이라는 대목이야말로 파편적 현실("파쇄들") 속에서 안 보이는 세계의 패턴("율律")을 찾는 시인이 처해 있는 황량한 상황을 잘 그려내고 있다. 시조 문학의 정형성이 전통에 대한 안일한 의존으로 폄하되지 않고 진정성을 얻을 수 있는 것은 바로 이런 고민 때문이다. 파편(비정형성) 속에서 율(정형성)을 찾는 시조 문학의 길은 "도무지 울 수도 없"을 정도로 고통스러운 길이다. 율로 가는 그 모든 길이 "허튼 여백"같이 느껴진다면, 그것을 어떻게 견딜 것인가. 마지막 연의 "입 여미는 서릿가을"은 그런 외롭고 고통스러운 행로에 선 시인의 칼처럼 서늘한 결기를 보여준다.

3.

유구한 역사에도 불구하고 여전히 '소수 문학minor literature'의 취급을 받는 시조계에서 정수자 시인에게 희망을 거는 여러 이유가 있다. 그중의 하나는 그가 누구보다도 아름다운 우리말의 구사 능력을 갖춘 시조 시인이라는 사실에서 비롯된다.

이 시집의 전편에 걸쳐서 독자들은 대부분 듣도 보도 못했을 아름다운 우리말들을 만난다. 그것들은 본디 우리말이고 오래 사용되었으나 지금은 대부분 사라지고 있는 단어들이다. 많은 경우 이제는 사전을 뒤져야 겨우 알 수 있는 이 아름다운 기호들은 도대체 왜 없어지고 있는 것일까. 유구한 역사를 가지고 있으나 남성 지배 이데올로기 안에서 오랫동안 사라졌던 여성 문학("그들만의 문학"—일레인 쇼월터E. Showalter의 용어)처럼, 아름다운 우리말의 사라짐에도 사회·역사적인 이유와 맥락이 있을 것이다. 시조 양식이 수백 년의 세월을 이겨내며 장르적 필요성과 미학적 쓸모를 지켜온 것처럼, 아름다운 우리말은 누구보다도 시인들이 지켜야 할 것이다. 정수자 시인은 마치 일상에서 매일 사용하듯이 자연스럽고도 능숙하게, 귀하지만 사라지고 있는 우리말을 구사한다.

촐촐히 속이 비면 말개지는 느낌이야

제삿날 올리던 놋접시의 무나물이

슴슴히 둘레를 괴며 달무리를 흉내 내듯

말 많은 모임에선 뭇국조차 못 사귀고

그냥 마냥 걸으며 홀로나 더 맑히듯

촐촐히 멍한 날이면 뭔가 이룬 기분이야

—「멍한 날」 전문

3(4)·4조의 아름다운 가락에 담은 이 시의 의미는 첫 행과 마지막 행의 서두에 반복되는 수미쌍관의 단어 "촐촐히"가 없었더라면 화룡정점의 아름다움에 도달할 수 없었을 것이다. "촐촐히"는 '배가 조금 고플 정도로'의 뜻을 가진 순우리말이다. 이 시가 보여주는 비움의 아름다움 혹은 가난의 미학은 특별한 자극이 없이 심심하다는 뜻의 "슴슴히"라는 단어와 함께 "촐촐히"라는 부사어에 의해 최종적으로 완성된다. 이런 단어들은 "놋접시의 무나물", "둘레를 괴며 달무리를 흉내 내듯"이라는 구절들과 더불어 '조선적인 것'이라는 말 외에 다른 말로는 도저히 설명할 수 없는 '우리 것'의 극명한 아름다움에 도달한다. 다른 외래어로는 도무지 번역할 수 없을 이런 표현이야말로 다름 아닌 '우리 문학'의 귀중한 자산이 아니고 무엇인가. 조금 배가 고플 정도로 "멍한 날이면 뭔가 이룬 기분"이라는 고백은, 없는 듯 빛나는 청자의 비취색과 없는 색깔 속에서 색깔을 완성하는 광목의 색감처럼 "슴슴히" 아름답다.

내 잎을 줄일 테니

내 곁에 계속 살아줘

햇볕도 나눠 쓰는 해바라기 큰언니들

나볏이 옆을 내어주니
곁의 예법 어엿하다

숭늉으로 입 줄이던
엄마 밥법 아래서는

아옹다옹 흘기다 팔짱을 샐쭉 꼈듯

갸웃이 반쪽도 나누는
오붓하다 생의 예법

—「곁의 예법」 전문

"법"과 "생" 외에는 한자어가 전혀 없는 이 작품의 힘은 "나볏이"와 "갸웃이", 그리고 "어엿하다", "오붓하다"라는 우리말들의 연쇄에서 나온다. "갸웃이"가 '한쪽으로 조금 갸울여(기울여)'라는 뜻의 비교적 귀에 익은 단어라면 "나볏이"는 '몸가짐이나 행동이 반듯하고 의젓한 태도로'라는 뜻의 다소 낯선 우리말이다. 전자는 해바라기의 기울어진 모습을 형상화하고 있다면, 후자는 그런 해바라기의 의젓한 삶의 태도를 설명하는 단어이다. 이런 부사어들이 “어엿하다”, “오붓하다”라는 동사와 합쳐지면서 이 작품은 서로 나누고 내어주는, 아늑하고 정겨운 삶의 풍경을 생생하게 재현한다.

위에 열거한 사례 외에도 이 시집에는 한국인들에게조차 낯선 그러나 아름다운 우리말들이 무수히 등장한다. 가령 ‘판소리에서, 명창이 자신의 독특한 방식으로 다듬어 부르는 어떤 마당의 한 대목’을 가리키는 “더늠”, ‘얼굴의 눈썹 위로부터 머리털이 난 아래까지의 부분’을 가리키는 “이맛전”, ‘별로 친하지 않아 어색하게’라는 뜻의 “서름히”, ‘먹을 수 있는 우물물’을 가리키는 “먼물”, ‘어떤 대상을 그리워하거나 아쉬워하는’의 뜻을 가진 전북 방언 “기룬”, ‘묶거나 쌓은 물건이 꼭 붙지 않고 느슨한 데가 있다’는 뜻의 “서분하다”, ‘작은 틈을 통하여 잠시 비치는 햇볕’이라는 뜻의 “볕뉘”, ‘아니 하여도 좋을 쓸데없는 짓’의 의미인 “군짓” 등, 이 시집은 한마디로 아름다운 우리말의 보물창고이다.

지금까지 이야기한 것처럼 정수자 시인이 현대 시조 창작의 중요한 모델이 되는 이유는 크게 세 가지이다. 첫째는 그가 시조의 형식으로 도달한 상상력과 표현의 고매한 수준이다. 둘째는 시조의 정체성에 대한 그의 강한 확신이다. 셋째는 시조의 집단 무의식적 가락에 울려 퍼지는 순우리말의 아름다운 구사 능력이다. 이 시집엔 정수자 시인의 이런 성과가 집

약되어 있다. 그리고 이런 성취는 이 시집을 천천히 읽을 때 더욱 잘 느껴진다. 문헌학자처럼 느리고 느긋하게 이 시집에 접근하라.

가히 시인선 001

인칭이 점점 두려워질 무렵

초판 1쇄 인쇄 2024년 3월 20일
초판 1쇄 발행 2024년 3월 27일
지은이 정수자
펴낸이 김석봉
디자인 헤이존
펴낸곳 문학의전당
출판등록 제448-251002012000043호
주소 충북 단양군 적성면 도곡파랑로 178
전화 043-421-1977
전자우편 sbpoem@naver.com

ISBN 979-11-5896-638-6 03810